Impressum
Verlag: BABADADA GmbH, Nedderfeld 112 , 22529 Hamburg
Geschäftsführer / Verlagsleitung: Harald Hof
Druck: Books on Demand GmbH, In de Tarpen 42, 22848 Norderstedt

Imprint
Publisher: BABADADA GmbH, Nedderfeld 112 , 22529 Hamburg, Germany
Managing Director / Publishing direction: Harald Hof
Print: Books on Demand GmbH, In de Tarpen 42, 22848 Norderstedt

škola

school

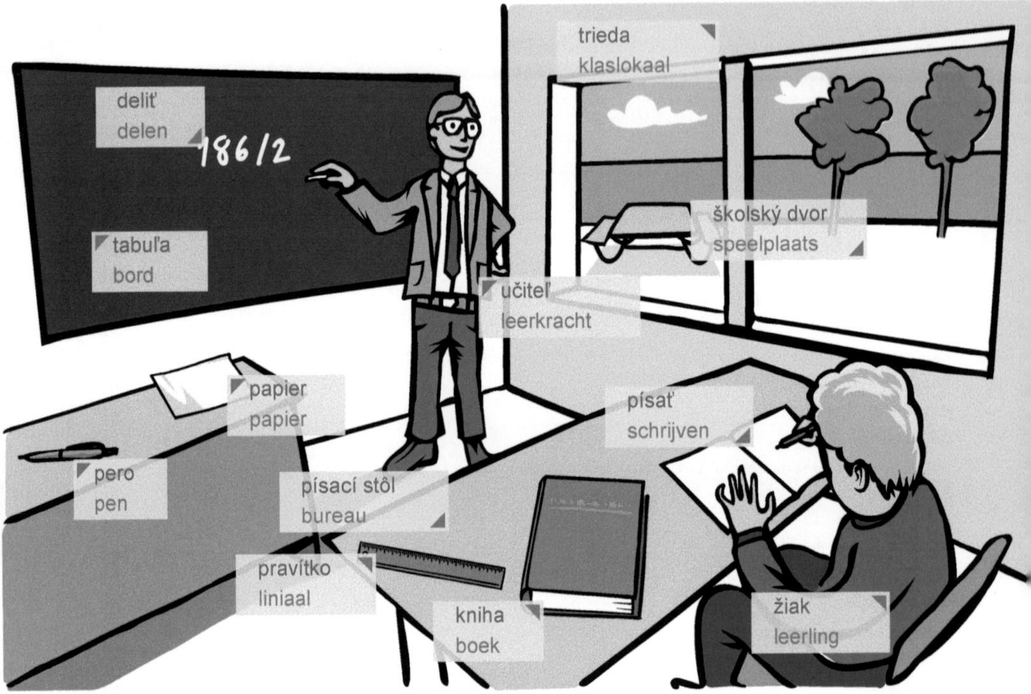

trieda
klaslokaal
deliť
delen
186/2
tabuľa
bord
školský dvor
speelplaats
učiteľ
leerkracht
papier
papier
písať
schrijven
pero
pen
písací stôl
bureau
pravítko
liniaal
kniha
boek
žiak
leerling

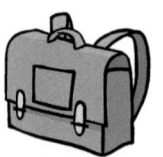

školská taška

schooltas

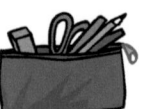

peračník

pennenzak

ceruza

potlood

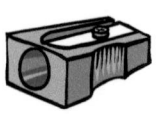

strúhadlo na ceruzky

puntenslijper

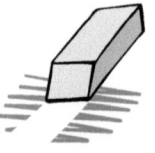

guma

gom

skicár

tekenblok

kresba

tekening

štetec

verfborstel

vodové farby

verfdoos

nožnice

schaar

lepidlo

lijm

cvičný zošit

werkboek

domáca úloha

huiswerk

12

číslo

nummer

2+2

sčítať

optellen

5-2

odčítať

aftrekken

2×2

násobiť

vermenigvuldigen

počítať

rekenen

A

písmeno

letter

ABCDEFG HIJKLMN OPQRSTU VWXYZ

abeceda

alfabet

slovo

woord

text

tekst

čítať

Lezen

krieda

krijt

hodina

les

triedna kniha

klassenboek

skúška

examen

certifikát

certificaat

školská uniforma

schooluniform

vzdelanie

onderwijs

encyklopédia

encyclopedie

univerzita

universiteit

mikroskop

microscoop

mapa

kaart

kôš na papier

papiermand

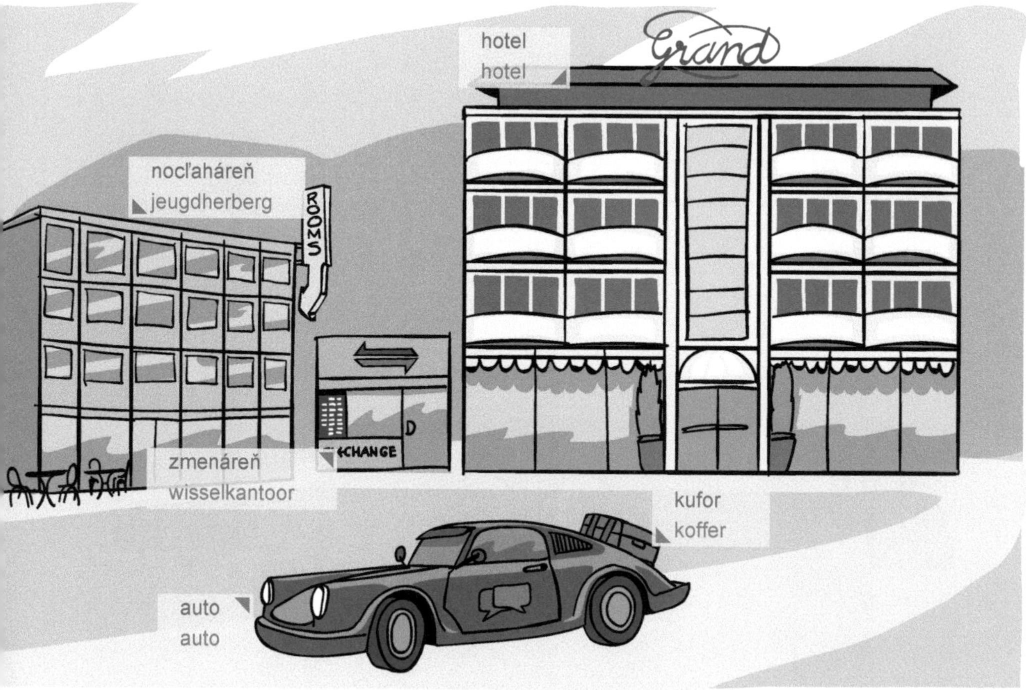

hotel
hotel
Grand
nocľaháreň
jeugdherberg
ROOMS
zmenáreň
wisselkantoor
kufor
koffer
auto
auto

jazyk
Taal

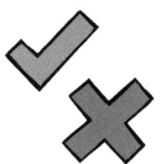

áno/nie
ja / nee

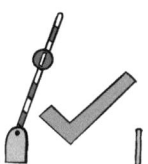

v poriadku
oké

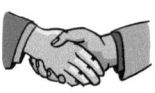

ahoj
hallo

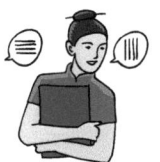

prekladateľ
vertaler

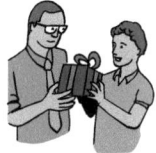

ďakujem
bedankt

Koľko stojí ... ?

Hoeveel kost ...?

Nerozumiem

Ik begrijp het niet

problém

probleem

Dobrý večer!

Goedenavond!

Dobré ráno!

Goedemorgen!

Dobrú noc!

Goedenavond!

Dovidenia

Tot ziens

smer

richting

batožina

bagage

taška

zak

batoh

rugzak

hosť

gast

izba

kamer

spacák

slaapzak

stan

tent

informácie pre turistov

toeristeninformatie

pláž

strand

kreditná karta

kredietkaart

raňajky

ontbijt

obed

lunch

večera

avondeten

cestovný lístok

ticket

výťah

lift

poštová známka

postzegel

hranica

grens

clo

douane

veľvyslanectvo

ambassade

vízum

visum

cestovný pas

paspoort

doprava
transport

lietadlo
vliegtuig

loď
schip

požiarnické auto
brandweerwagen

autobus
bus

nákladné auto
vrachtwagen

motorový čln
motorboot

bicykel
fiets

auto
auto

trajekt

veerboot

loď

boot

motorka

motor

policajné auto

politiewagen

pretekárske auto

racewagen

vozidlo z požičovne

huurauto

carsharing

carpoolen

odťahové auto

sleepwagen

smetiarske auto

vuilniswagen

motor

motor

benzín

benzine

čerpacia stanica

benzinestation

dopravná značka

verkeersbord

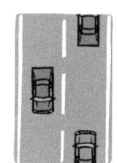

premávka

verkeer

zápcha

file

parkovisko

parkeerplaats

vlaková stanica

station

trate

sporen

vlak

trein

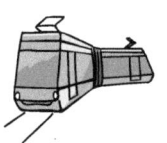

električka

tram

vagón

wagon

helikoptéra

helikopter

letisko

luchthaven

veža

toren

pasažier

passagier

kontajner

container

kartón

karton

vozík

kar

kôš

mand

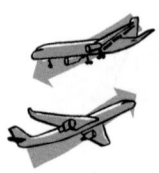

štartovať / pristáť

opstijgen / landen

mesto
stad

dedina

dorp

centrum mesta

stadscentrum

dom

huis

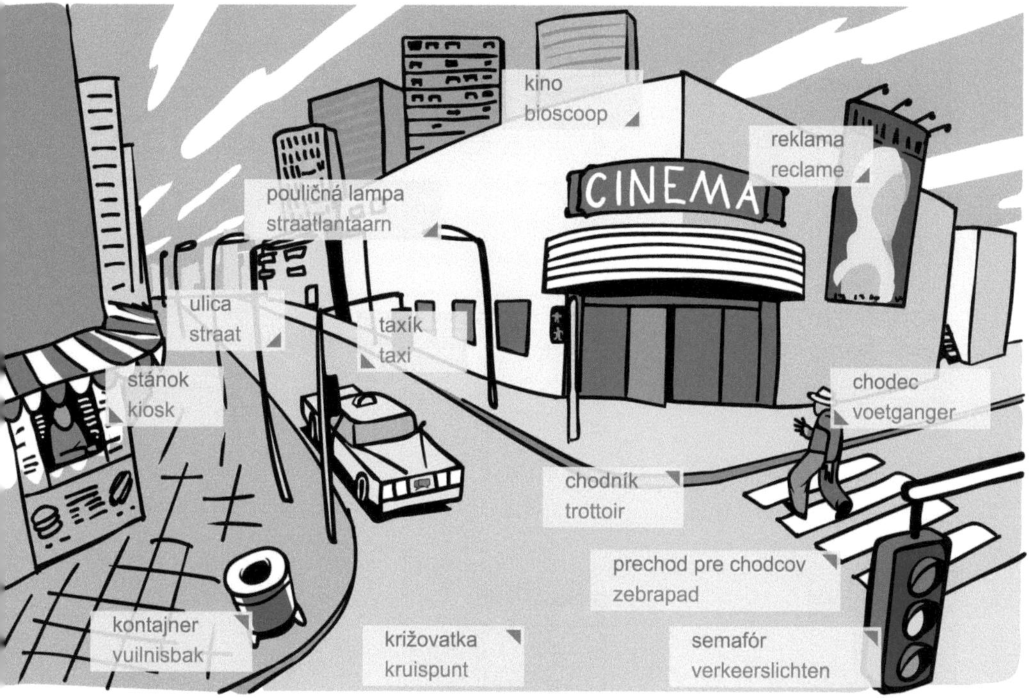

kino
bioscoop

reklama
reclame

pouličná lampa
straatlantaarn

CINEMA

ulica
straat

taxík
taxi

stánok
kiosk

chodec
voetganger

chodník
trottoir

prechod pre chodcov
zebrapad

kontajner
vuilnisbak

križovatka
kruispunt

semafór
verkeerslichten

chata
hut

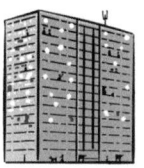

byt
woning

vlaková stanica
station

radnica
stadshuis

múzeum
museum

škola
school

mesto - stad

univerzita

universiteit

banka

bank

nemocnica

ziekenhuis

hotel

hotel

lekáreň

apotheek

kancelária

kantoor

kníhkupectvo

boekwinkel

obchod

winkel

kvetinárstvo

bloemenwinkel

supermarket

supermarkt

trh

markt

obchodný dom

warenhuis

obchodník s rybami

vishandelaar

nákupné stredisko

winkelcentrum

prístav

haven

park
park

lavička
bank

most
brug

schody
trap

metro
metro

tunel
tunnel

autobusová zastávka
bushalte

bar
bar

reštaurácia
restaurant

poštová schránka
brievenbus

tabuľa s názvom ulice
straatnaambord

parkovacie hodiny
parkeermeter

ZOO
zoo

plaváreň
zwembad

mešita
moskee

farma
boerderij

znečisťovanie životného prostredia
milieuverontreiniging

cintorín
kerkhof

kostol
kerk

ihrisko
speelplaats

chrám
tempel

terén
landschap

list
blad

smerová tabuľa
wegwijzer

cesta
weg

lúka
weide

kameň
steen

strom
boom

turista
wandelaar

rieka
rivier

tráva
gras

kvet
bloem

dolina
vallei

kopec
heuvel

jazero
meer

les
bos

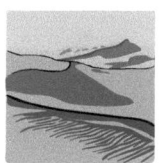

púšť
woestijn

vulkán
vulkaan

zámok
kasteel

dúha
regenboog

hríb
paddenstoel

palma
palmboom

komár
mug

mucha
vlieg

mravec
mier

včela
bijl

pavúk
spin

chrobák

kever

žaba

kikker

veverička

eekhoorn

jež

egel

zajac

haas

sova

uil

vták

vogel

labuť

zwaan

diviak

wild zwijn

jeleň

hert

los

eland

hrádza

dam

veterná turbína

windturbine

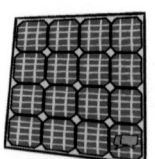

solárny panel

zonnepaneel

podnebie

klimaat

reštaurácia
restaurant

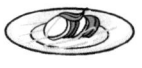

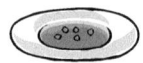

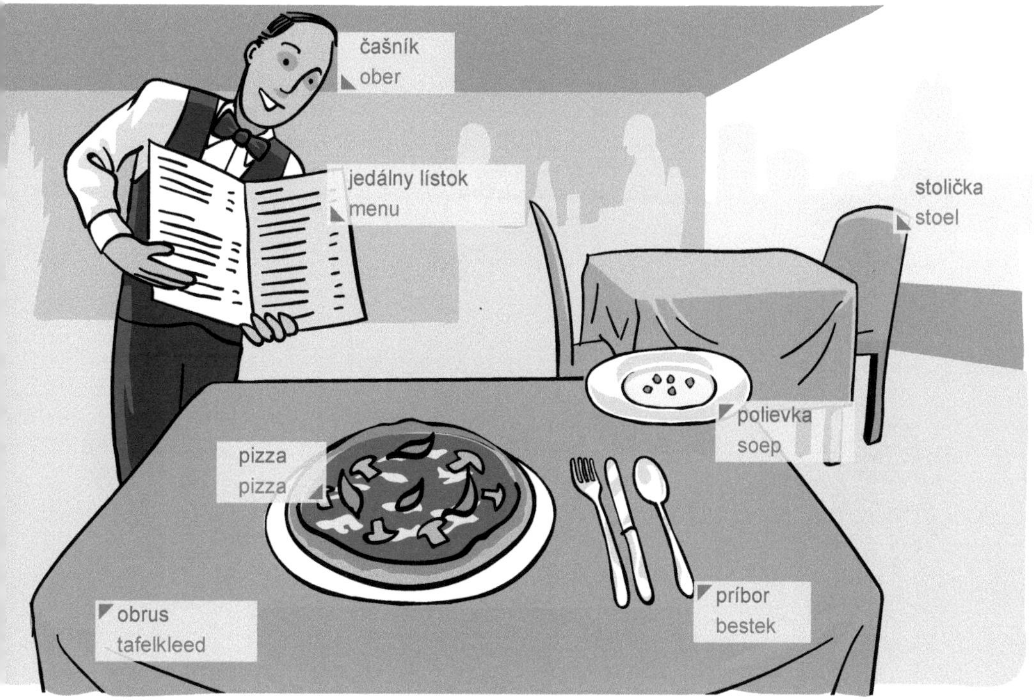
čašník
ober
jedálny lístok
menu
stolička
stoel
polievka
soep
pizza
pizza
obrus
tafelkleed
príbor
bestek

predjedlo

voorgerecht

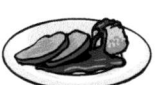

hlavné jedlo

hoofdgerecht

zákusok

nagerecht

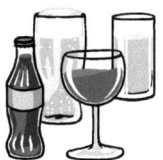

nápoje

drankjes

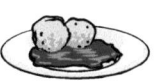

jedlo

eten

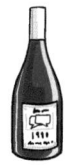

fľaša

fles

fast-food

fastfood

street food

street food

kanvica na čaj

theepot

cukornička

suikerpot

porcia

portie

stroj na espresso

espressomachine

detská stolička

kinderstoel

účet

rekening

podnos

dienblad

nôž

mes

vidlička

vork

lyžica

lepel

čajová lyžička

theelepel

obrúsok

serviette

pohár

glas

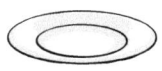

tanier

bord

hlboký tanier

soepbord

podšálka

schoteltje

omáčka

saus

soľnička

zoutvatje

mlynček na korenie

pepermolen

ocot

azijn

olej

olie

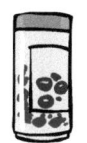

korenie

kruiden

kečup

ketchup

horčica

mosterd

majonéza

mayonaise

supermarket
supermarkt

špeciálna ponuka
aanbieding
FOR
klient
klant
mliečne výrobky
zuivelproducten
ovocie
fruit
nákupný vozík
winkelwagen

BUTCHERS

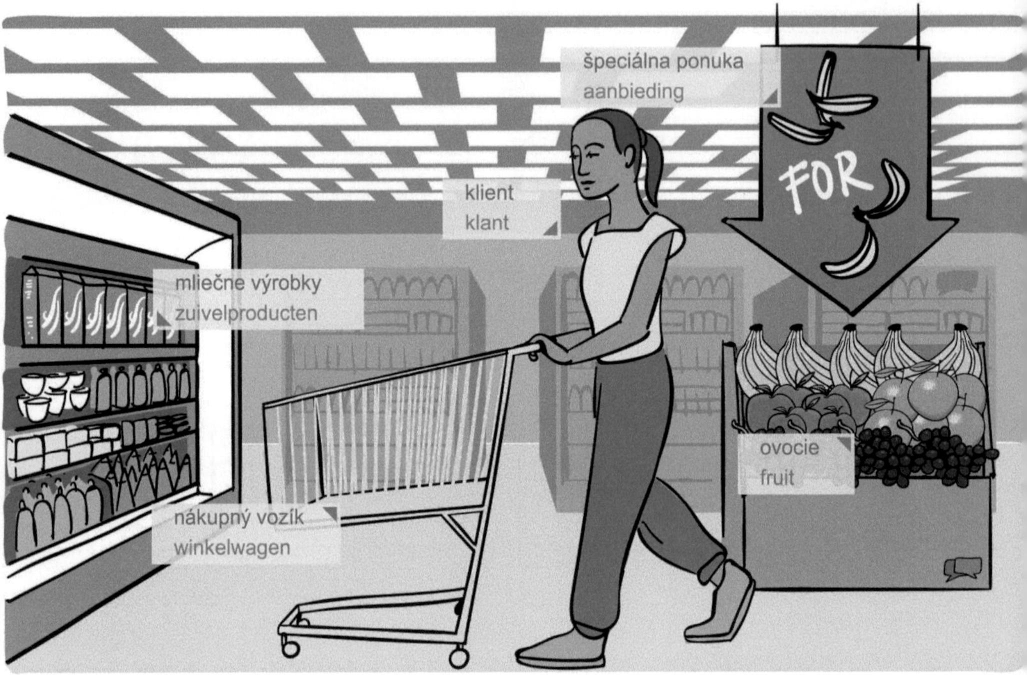

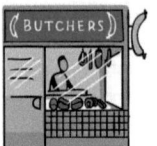

mäsiarstvo

slagerij

BAKERY

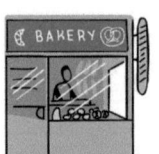

pekáreň

bakkerij

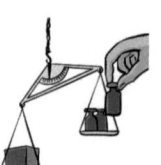

vážiť

wegen

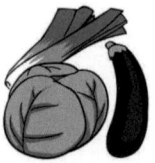

zelenina

groenten

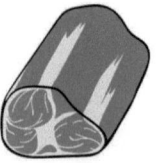

mäso

vlees

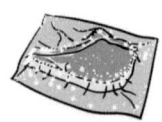

mrazené potraviny

diepvriesvoedsel

nárez
charcuterie

konzervy
conserven

prací prostriedok
waspoeder

sladkosti
snoep

domáce potreby
huishoudproducten

čistiace prostriedky
schoonmaakproducten

predavačka
verkoopster

pokladňa
kassa

pokladník
kassier

nákupný zoznam
boodschappenlijstje

otváracie hodiny
openingstijden

peňaženka
portefeuille

kreditná karta
kredietkaart

taška
tas

plastové vrecko
plastieken zakje

voda

water

džús

sap

mlieko

melk

kola

cola

víno

wijn

pivo

bier

alkohol

alcohol

kakao

cacao

čaj

thee

káva

koffie

espresso

espresso

kapučíno

cappuccino

banán

banaan

jablko

appel

pomaranč

sinaasappel

melón

meloen

citrón

citroen

mrkva

wortel

cesnak

knoflook

bambus

bamboe

cibuľa

ajuin

hríb

champignon

orechy

noten

rezance

noodles

špagety

spaghetti

ryža

rijst

šalát

salade

hranolky

frieten

pečené zemiaky

gebakken aardappelen

pizza

pizza

hamburger

hamburger

obložený chlebík

sandwich

rezeň

kalfslapje

šunka

ham

saláma

salami

klobása

worst

kurča

kip

pečené mäso

braden

ryba

vis

ovsené vločky

havervlokken

müsli

muesli

kukuričné lupienky

cornflakes

múka

bloem

croissant

croissant

pečivo

pistolet

chlieb

brood

hrianka

toast

sušienky

koekjes

maslo

boter

tvaroh

kwark

koláč

taart

vajce

ei

volské oko

spiegelei

syr

kaas

zmrzlina

ijs

cukor

suiker

med

honing

lekvár

confituur

nugátová nátierka

choco

karí korenie

curry

farma
boerderij

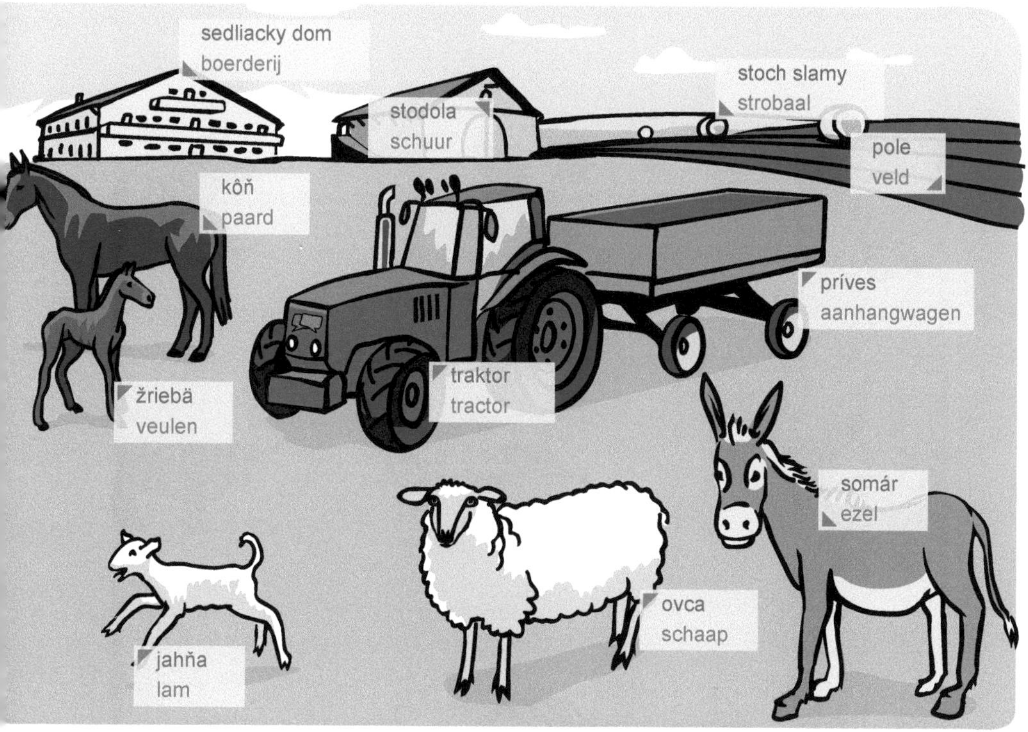

sedliacky dom
boerderij
stoch slamy
strobaal
stodola
schuur
pole
veld
kôň
paard
príves
aanhangwagen
traktor
tractor
žriebä
veulen
somár
ezel
ovca
schaap
jahňa
lam

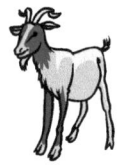

koza
geit

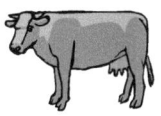

krava
koe

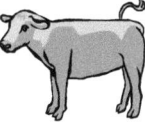

teľa
kalf

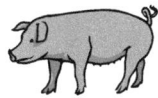

prasa
varken

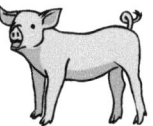

prasiatko
biggetje

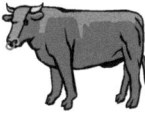

býk
stier

hus
gans

kačica
eend

kuriatko
kuiken

sliepka
kip

kohút
haan

potkan
rat

mačka
kat

myš
muis

vôl
os

pes
hond

psia búda
hondenhok

záhradná hadica
tuinslang

krhla
gieter

kosa
zeis

pluh
ploeg

kosák

sikkel

motyka

schoffel

vidly na hnoj

hooivork

sekera

bijl

fúrik

kruiwagen

koryto

trog

kanva na mlieko

melkkan

vrece

zak

plot

hek

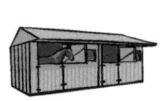

maštaľ

stal

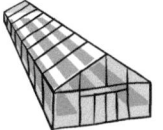

skleník

broeikas

pôda

bodem

osivo

zaad

hnojivo

mest

kombajn

maaidorser

žať
oogsten

žatva
oogst

batát
yam

pšenica
tarwe

sója
soja

zemiak
aardappel

kukurica
maïs

repka
koolzaad

ovocný strom
fruitboom

maniok
maniok

obilie
graan

dom
huis

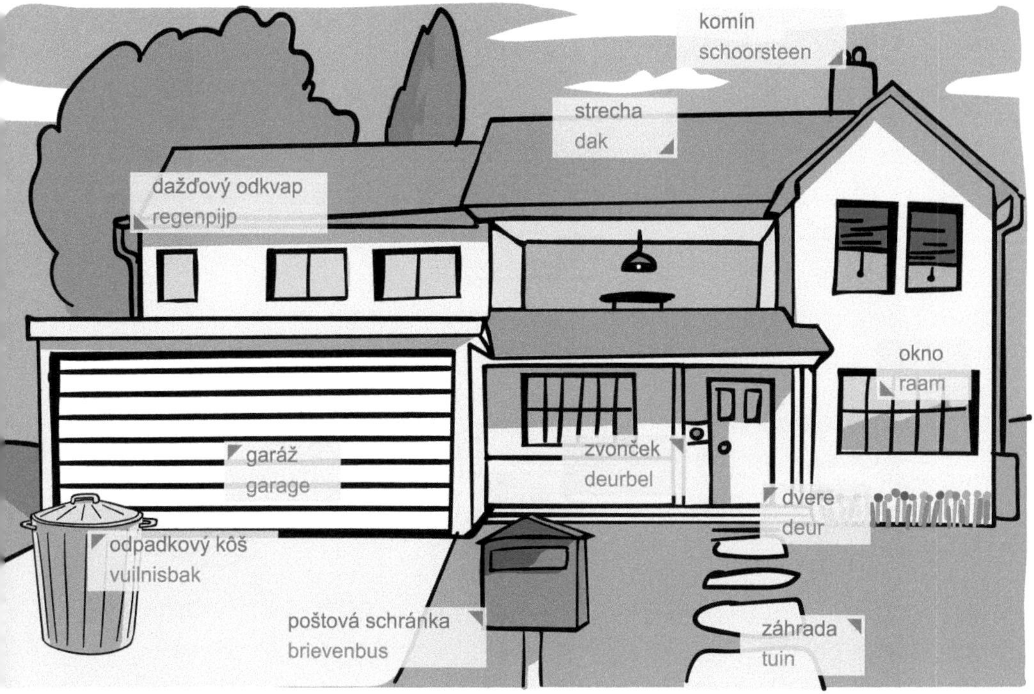

komín
schoorsteen
strecha
dak
dažďový odkvap
regenpijp
okno
raam
garáž
garage
zvonček
deurbel
dvere
deur
odpadkový kôš
vuilnisbak
poštová schránka
brievenbus
záhrada
tuin

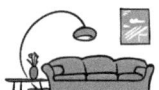

obývačka

woonkamer

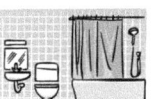

kúpeľňa

badkamer

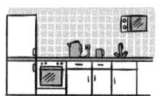

kuchyňa

keuken

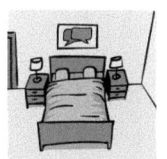

spálňa

slaapkamer

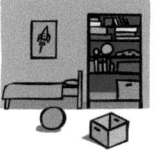

detská izba

kinderkamer

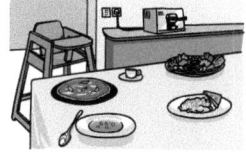

jedáleň

eetkamer

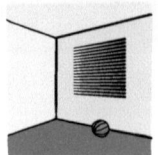

podlaha
vloer

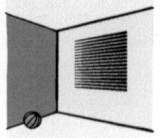

stena
muur

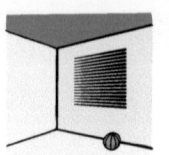

strop
plafond

pivnica
kelder

sauna
sauna

balkón
balkon

terasa
terras

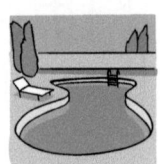

bazén
zwembad

kosačka
grasmaaier

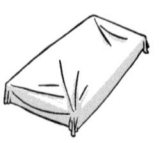

obliečka
dekbedovertrek

posteľná prikrývka
dekbed

posteľ
bed

metla
bezem

vedro
emmer

vypínač
schakelaar

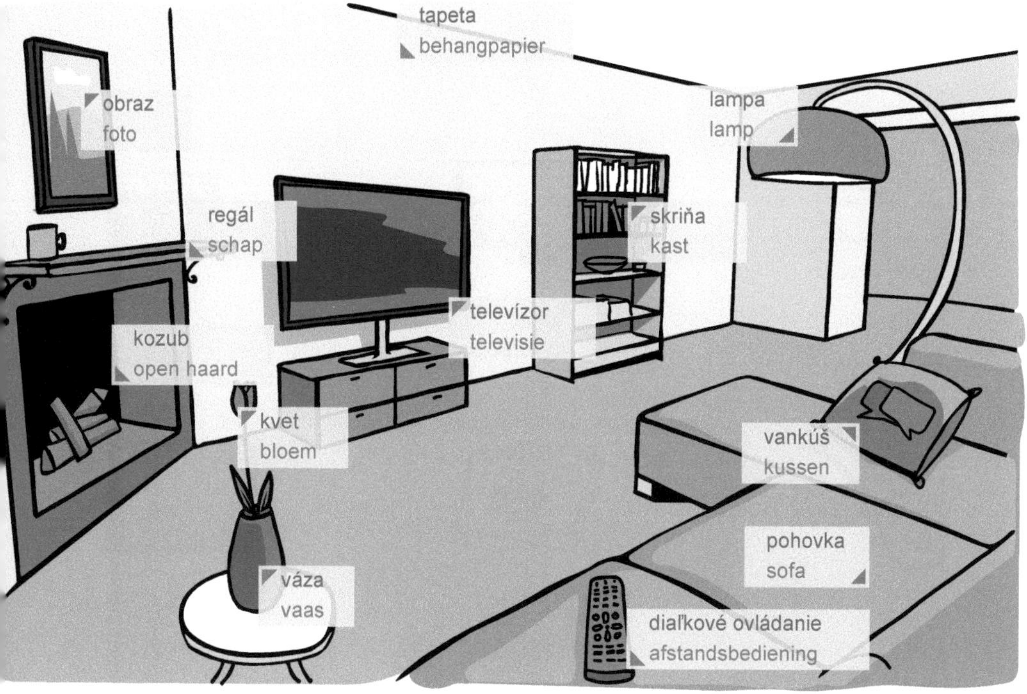

tapeta
behangpapier

obraz
foto

lampa
lamp

regál
schap

skriňa
kast

kozub
open haard

televízor
televisie

kvet
bloem

vankúš
kussen

pohovka
sofa

váza
vaas

diaľkové ovládanie
afstandsbediening

koberec

mat

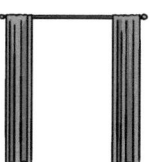

záclona

gordijn

stôl

tafel

stolička

stoel

hojdacie kreslo

schommelstoel

kreslo

fauteuil

kniha

boek

prikrývka

deken

dekorácia

decoratie

drevo na kúrenie

brandhout

film

film

hi-fi veža

stereo-installatie

kľúč

sleutel

noviny

krant

maľba

schilderij

plagát

poster

rádio

radio

zápisník

notitieboekje

vysávač

stofzuiger

kaktus

cactus

sviečka

kaars

kuchyňa
keuken

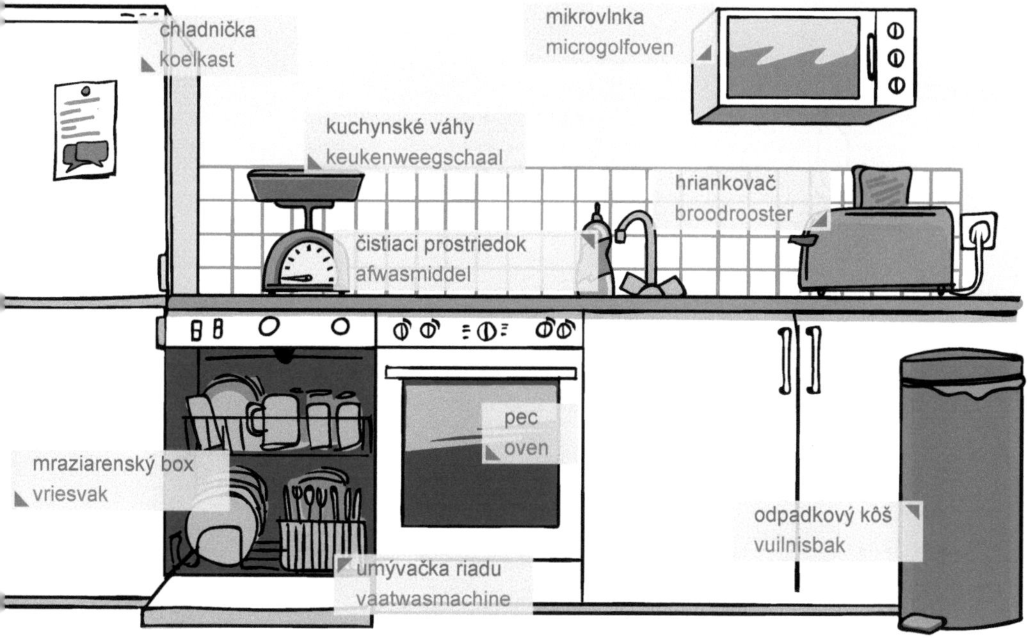

chladnička
koelkast
mikrovlnka
microgolfoven
kuchynské váhy
keukenweegschaal
hriankovač
broodrooster
čistiaci prostriedok
afwasmiddel
pec
oven
mraziarenský box
vriesvak
odpadkový kôš
vuilnisbak
umývačka riadu
vaatwasmachine

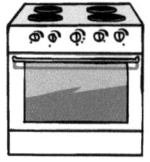

sporák

fornuis

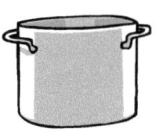

hrniec

pot

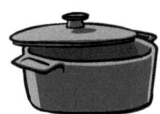

železný hrniec

gietijzeren pot

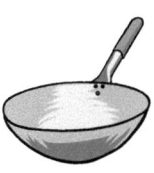

wok / kadai

wok / kadai

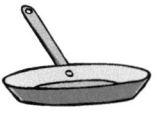

panvica

pan

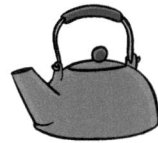

rýchlovarná kanvica

waterkoker

parný hrniec
stoomkoker

plech na pečenie
bakplaat

riad
servies

pohár
mok

misa
kom

paličky
eetstokjes

naberačka na polievku
pollepel

stierka
spatel

metlička
garde

cedidlo
vergiet

sitko
zeef

strúhadlo
rasp

mažiar
mortier

gril
barbecue

ohnisko
haardvuur

doska na krájanie

snijplank

valček na cesto

deegrol

vývrtka

kurkentrekker

konzerva

blik

otvárač na konzervy

blikopener

chňapka

pannenlap

výlevka

gootsteen

kefa

borstel

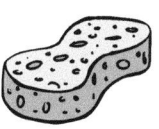

hubka

spons

mixér

blender

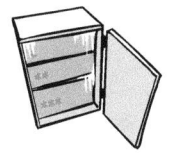

mraznička

vriezer

kojenecká fľaša

papfles

vodovodný kohútik

kraan

kúpeľňa
badkamer

sprcha
douche
kúrenie
verwarming
uterák
handdoek
sprchový záves
douchegordijn
pena do kúpeľa
bubbelbad
vaňa
badkuip
pohár
glas
práčka
wasmachine
vodovodný kohútik
kraan
dlaždice
tegels
nočník
kinderpo
výlevka
gootsteen

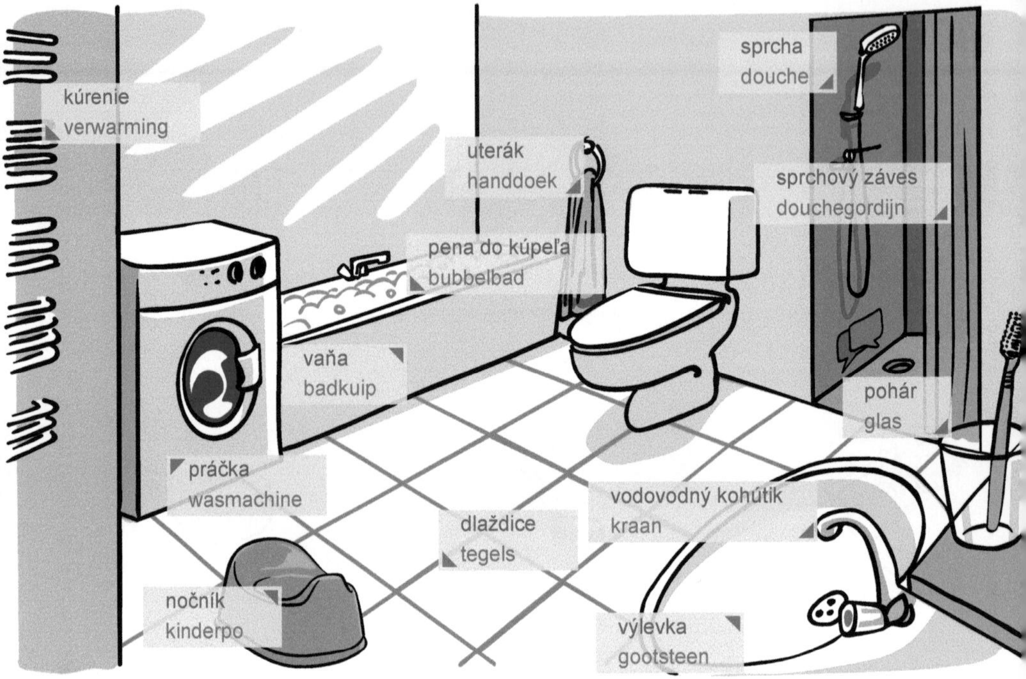

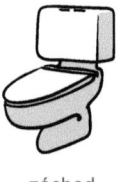

záchod

toilet

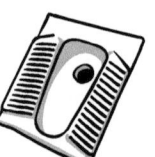

suchý záchod

hurktoilet

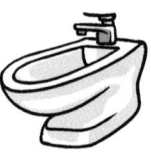

bidet

bidet

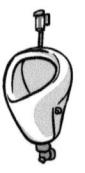

pisoár

urinoir

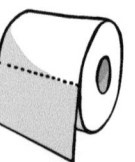

toaletný papier

toiletpapier

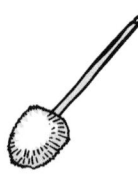

záchodová kefa

toiletborstel

zubná kefka

tandenborstel

zubná pasta

tandpasta

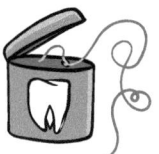

dentálna niť

flosdraad

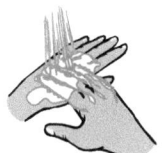

umývať

wassen

ručná sprcha

handdouche

sprcha pre intímnu hygienu

bidethanddouche

umývadlo

waskom

kefa na chrbát

rugborstel

mydlo

zeep

sprchový gél

douchegel

šampón

shampoo

frotírová rukavica

washandje

odtok

afvoer

krém

crème

dezodorant

deodorant

zrkadlo

spiegel

kozmetické zrkadlo

handspiegel

žiletka

scheermes

pena na holenie

scheerschuim

voda po holení

aftershave

hrebeň

kam

kefa

borstel

sušič vlasov

haardroger

sprej na vlasy

haarlak

make-up

make-up

rúž

lippenstift

lak na nechty

nagellak

vata

watten

nožnice na nechty

nagelknipper

parfum

parfum

kozmetická taška

toilettas

stolček

kruk

váha

weegschaal

kúpací plášť

badjas

gumové rukavice

latex handschoenen

tampón

tampon

menštruačná vložka

maandverband

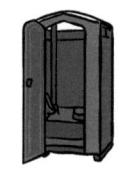

chemické WC

chemisch toilet

detská izba
kinderkamer

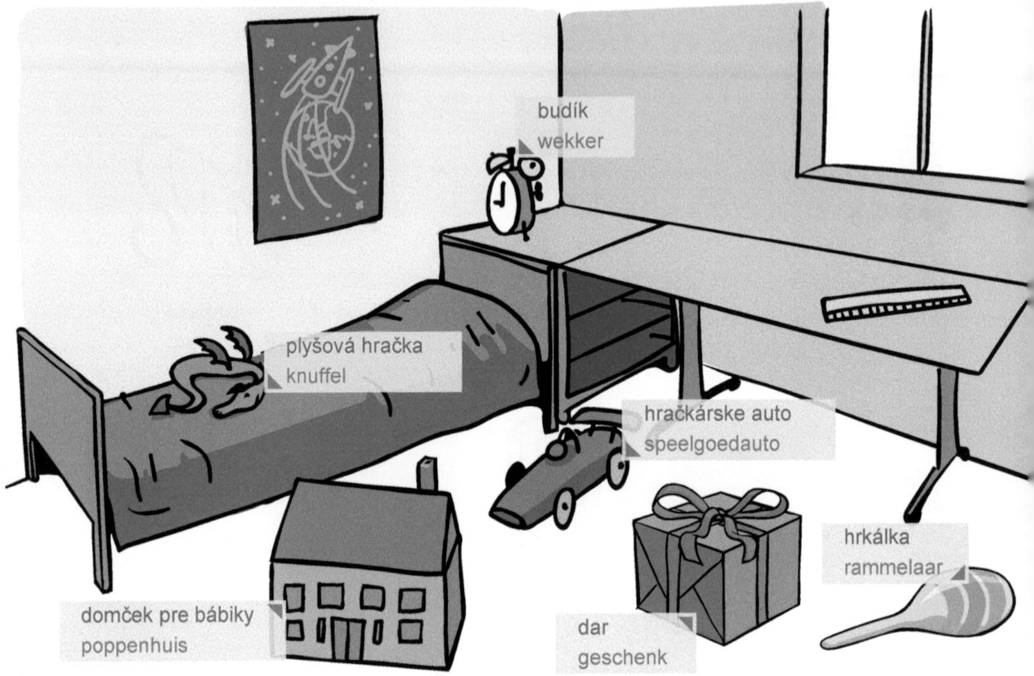

budík
wekker

plyšová hračka
knuffel

hračkárske auto
speelgoedauto

hrkálka
rammelaar

domček pre bábiky
poppenhuis

dar
geschenk

balón
ballon

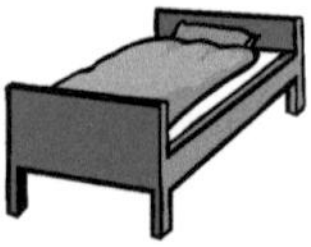

posteľ
bed

detský kočík
kinderwagen

karty
spel kaarten

puzzle
puzzel

komix
stripboek

skladačka lego

legoblokjes

stavebnica

blokken

akčná postavička

actiefiguur

dupačky

kruippakje

lietajúci tanier

frisbee

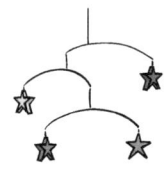

závesné hračky

mobiel

stolová hra

bordspel

kocka

dobbelsteen

modelový vláčik

modelspoorweg

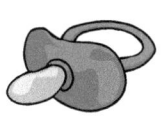

cumlík

fopspeen

párty

feest

obrázková kniha

prentenboek

lopta

bal

bábika

pop

hrať sa

spelen

pieskovisko

zandbak

hojdačka

schommel

hračky

speelgoed

hracia konzola

spelconsole

trojkolka

driewieler

medvedík

knuffelbeer

šatník

kleerkast

šatstvo
kleding

ponožky

sokken

pančuchy

kousen

pančuchové nohavičky

maillot

šál
sjaal

opasok
riem

dáždnik
paraplu

tričko
T-shirt

čižmy
laarzen

papuče
slippers

tenisky
sneakers

sandále
sandalen

topánky
schoenen

gumáky
rubberlaarzen

spodky
onderbroek

podprsenka
beha

tielko
onderhemd

body

lichaam

nohavice

broek

džínsy

jeans

sukňa

rok

blúzka

blouse

košeľa

hemd

pulóver

trui

sveter

capuchontrui

blejzer

blazer

bunda

jas

kabát

jas

pršiplášť

regenjas

kostým

kostuum

šaty

jurk

svadobné šaty

trouwjurk

oblek

pak

nočná košeľa

nachthemd

pyžamo

pyjama

sari

sari

šatka na hlavu

hoofddoek

turban

tulband

burka

boerka

kaftan

kaftan

abaja

abaya

dvojdielne plavky

badpak

plavky

zwembroek

šortky

short

teplláková súprava

trainingspak

zástera

schort

rukavice

handschoenen

gombík

knoop

okuliare

bril

náramok

armband

retiazka

ketting

prsteň

ring

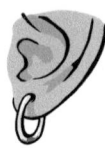

náušnica

oorbel

čiapka

pet

vešiak

kapstok

klobúk

hoed

kravata

das

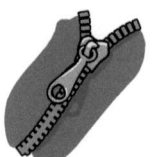

zips

rits

prilba

helm

traky

bretellen

školská uniforma

schooluniform

uniforma

uniform

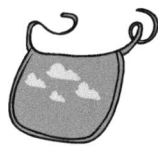

podbradník

slabbetje

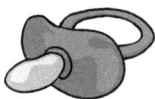

cumlík

fopspeen

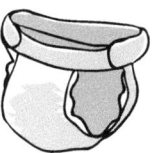

plienka

luier

kancelária
kantoor

server
server
skriňa na spisy
dossierkast
papier
papier
tlačiareň
printer
monitor
monitor
mýš
muis
písací stôl
bureau
zakladač
map
klávesnica
toestenbord
stolička
stoel
kôš na papier
papiermand
počítač
computer

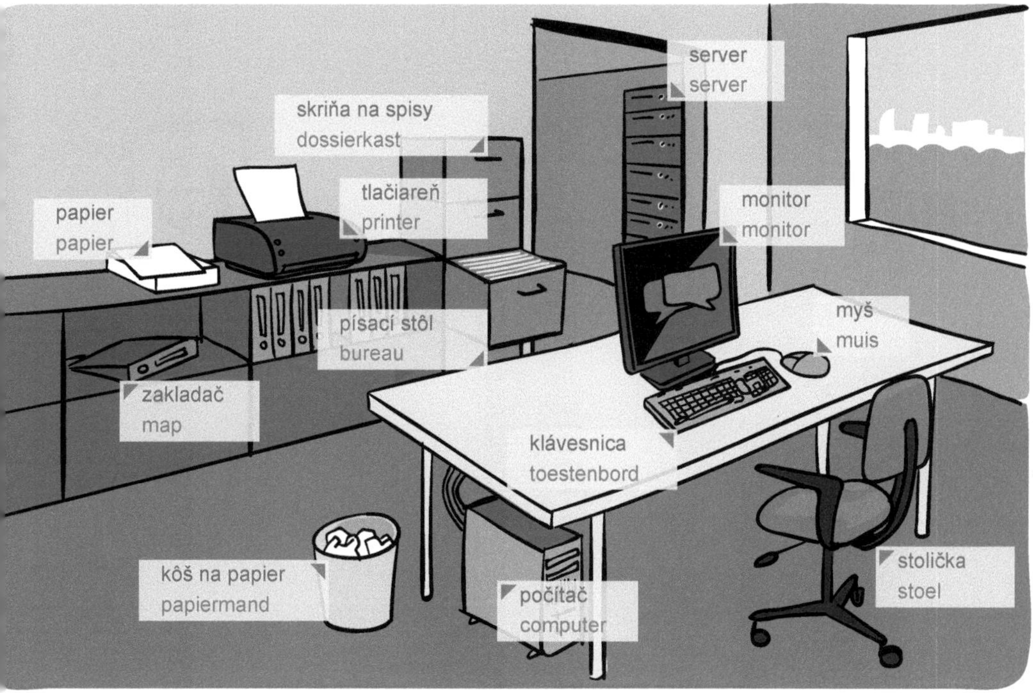

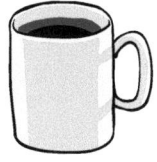

hrnček na kávu

koffiemok

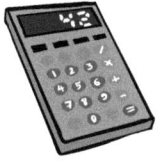

kalkulačka

rekenmachine

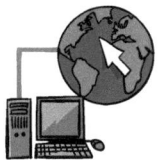

internet

internet

laptop

laptop

list

brief

správa

bericht

mobil

gsm

sieť

netwerk

kopírka

kopieerapparaat

softvér

software

telefón

telefoon

elektrická zásuvka

stopcontact

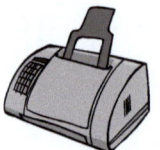

fax

fax

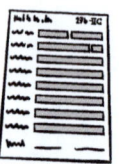

formulár

formulier

doklad

document

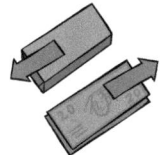

kúpiť

kopen

platiť

betalen

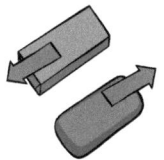

obchodovať

handelen

peniaze

geld

 **USD**

dolár

dollar

 **EUR**

euro

euro

 **JPY**

jen

yen

 **RUB**

rubeľ

roebel

 **CHF**

švajčiarsky frank

Zwitserse frank

 **CNY**

čínsky jüan

Chinese renminbi

 **INR**

rupia

roepie

bankomat

geldautomaat

zmenáreň

wisselkantoor

zlato

goud

striebro

zilver

ropa

olie

energia

energie

cena

prijs

zmluva

contract

daň

belasting

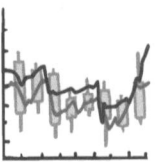

akcia

aandeel

pracovať

werken

zamestnanec

werknemer

zamestnávateľ

werkgever

továreň

fabriek

obchod

winkel

policajt
politieagent

hasič
brandweerman

kuchár
kok

lekár
dokter

pilót
piloot

záhradník

tuinman

stolár

timmerman

krajčírka

naaister

sudca

rechter

chemik

chemicus

herec

acteur

vodič autobusu

buschauffeur

taxikár

taxichauffeur

rybár

visser

upratovačka

schoonmaakster

pokrývač

dakdekker

čašník

ober

poľovník

jager

maliar

schilder

pekár

bakker

elektrikár

elektricien

stavebný robotník

bouwvakker

inžinier

ingenieur

mäsiar

slager

klampiar

loodgieter

poštár

postbode

vojak

soldaat

architekt

architect

pokladník

kassier

kvetinár

bloemist

kaderník

kapper

sprievodca

conducteur

mechanik

mecanicien

kapitán

kapitein

zubár

tandarts

vedec

wetenschapper

rabín

rabbijn

imám

imam

mních

monnik

farár

geestelijke

náradie
werktuigen

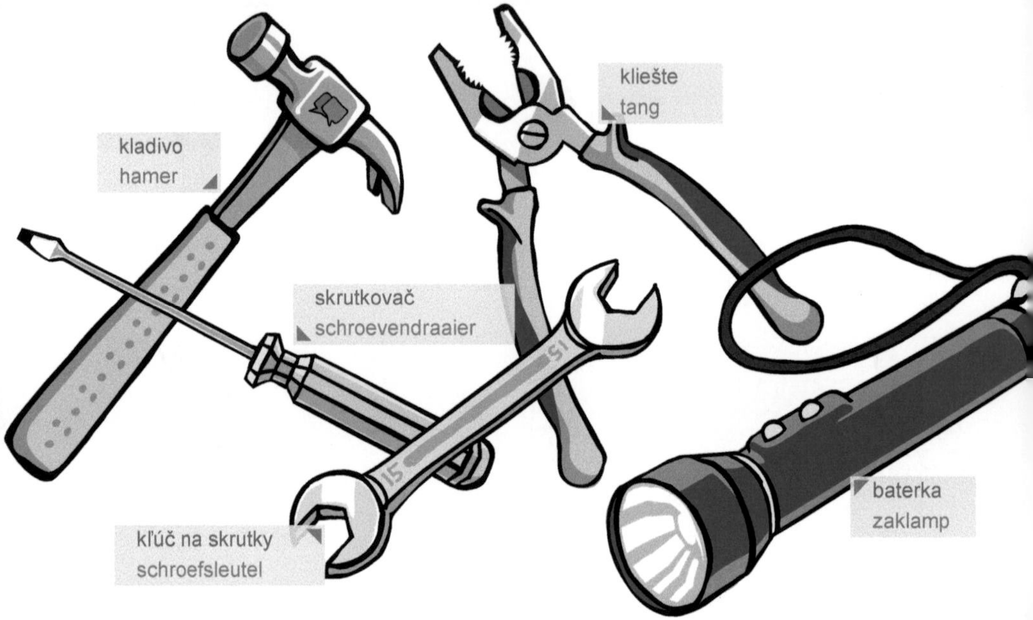
kladivo
hamer
kliešte
tang
skrutkovač
schroevendraaier
kľúč na skrutky
schroefsleutel
baterka
zaklamp

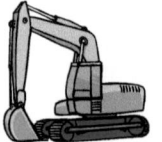

bager

graafmachine

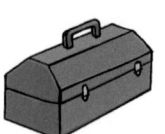

súprava náradia

gereedschapskoffer

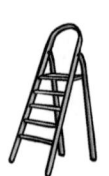

rebrík

ladder

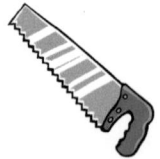

pílka

zaag

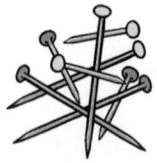

klince

spijkers

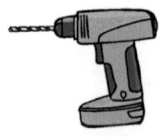

vrták

boormachine

opravit'
repareren

lopata
schop

Do čerta!
Verdomme!

lopatka na smeti
blik

nádoba s farbou
verfpot

skrutky
schroeven

hudobné nástroje
muziekinstrumenten

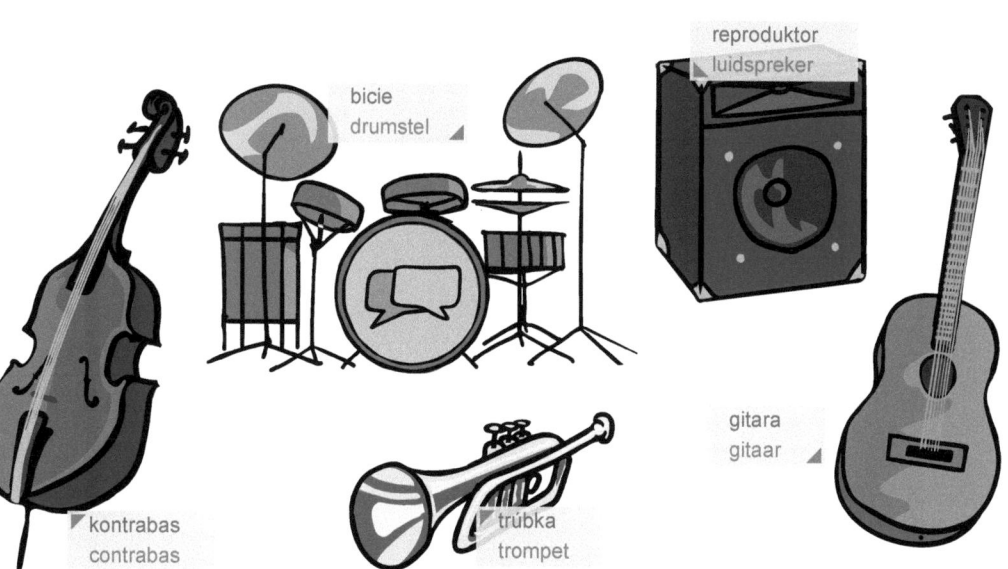

bicie
drumstel

reproduktor
luidspreker

kontrabas
contrabas

trúbka
trompet

gitara
gitaar

klavír

piano

husle

viool

basa

basgitaar

tympany

pauk

bubon

trommels

klávesnica

keyboard

saxofón

saxofoon

flauta

fluit

mikrofón

microfoon

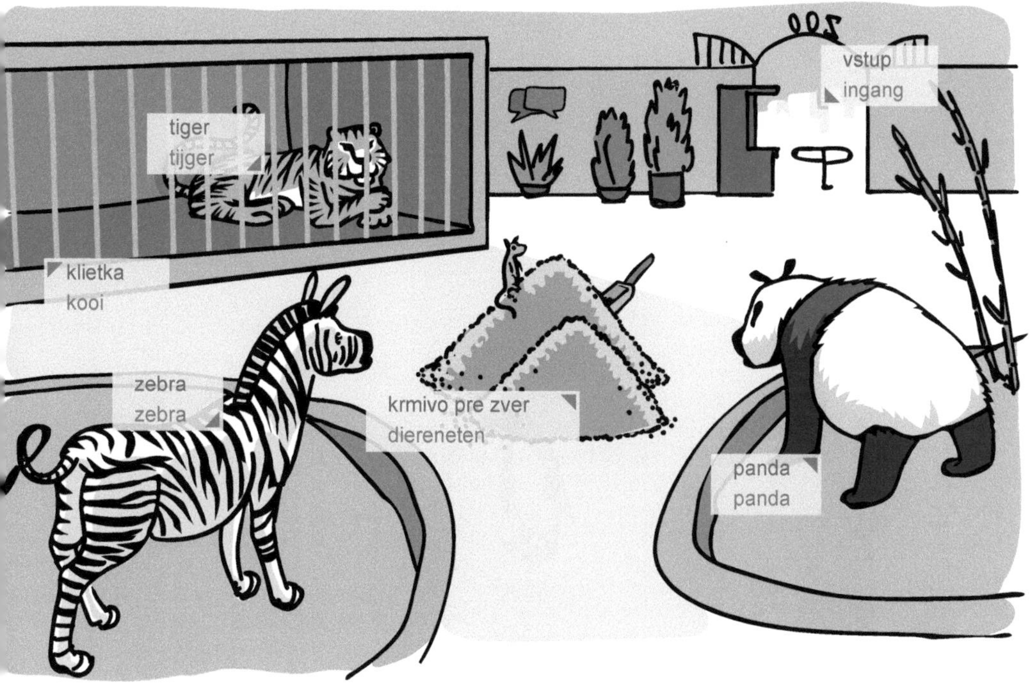

vstup
ingang

tiger
tijger

klietka
kooi

zebra
zebra

krmivo pre zver
diereneten

panda
panda

zvieratá
dieren

slon
olifant

klokan
kangoeroe

nosorožec
neushoorn

gorila
gorilla

medveď
beer

ťava

kameel

pštros

struisvogel

lev

leeuw

opica

aap

plameniak

flamingo

papagáj

papegaai

ľadový medveď

ijsbeer

tučniak

pinguïn

žralok

haai

páv

pauw

had

slang

krokodíl

krokodil

ošetrovateľ v ZOO

dierenverzorger

tuleň

zeehond

jaguár

jaguar

poník

pony

leopard

luipaard

hroch

nijlpaard

žirafa

giraffe

orol

adelaar

diviak

wild zwijn

ryba

vis

korytnačka

zeeschildpad

mrož

walrus

líška

vos

gazela

gazelle

americký futbal
rugby

cyklistika
wielrennen

tenis
tennis

basketbal
basketbal

plávanie
zwemmen

box
boksen

hokej
ijshockey

futbal
voetbal

bedminton
badminton

ľahká atletika
atletiek

hádzaná
handbal

lyžovanie
skiën

pólo
polo

aktivity
activiteiten

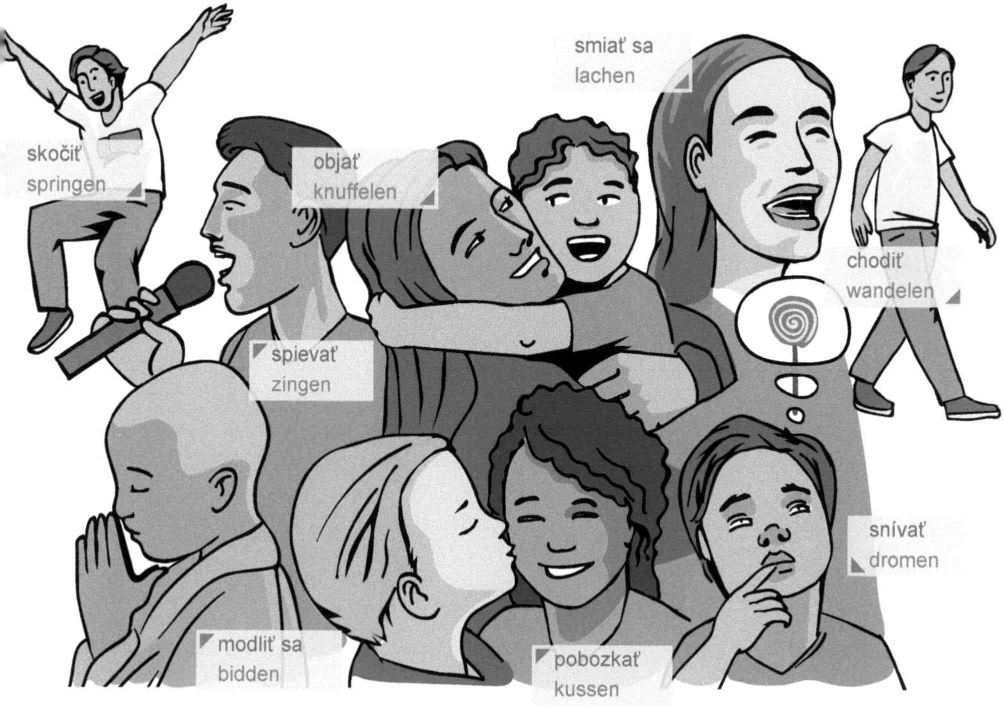
smiať sa
lachen
skočiť
springen
objať
knuffelen
chodiť
wandelen
spievať
zingen
snívať
dromen
modliť sa
bidden
pobozkať
kussen

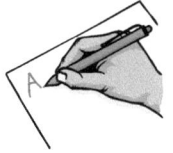

písať
schrijven

kresliť
tekenen

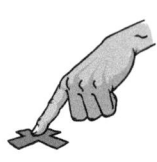

ukázať
tonen

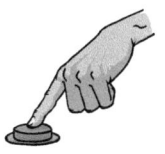

tlačiť
duwen

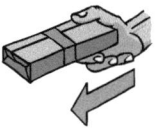

dať
geven

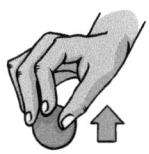

brať
nemen

mať

hebben

robiť

doen

byť

zijn

stáť

staan

bežať

lopen

ťahať

trekken

hádzať

gooien

padnúť

vallen

ležať

liggen

čakať

wachten

nosiť

dragen

sedieť

zitten

obliecť sa

aankleden

spať

slapen

zobudiť sa

ontwaken

aktivity - activiteiten

pozerať
kijken naar

plakať
wenen

hladkať
aaien

česať
kammen

hovoriť
praten

rozumieť
begrijpen

pýtať sa
vragen

počuť
luisteren

piť
drinken

jesť
eten

upratať
opruimen

milovať
houden van

variť
koken

jazdiť
rijden

letieť
vliegen

plachtiť

zeilen

počítať

rekenen

čítať

Lezen

učiť sa

leren

pracovať

werken

oženiť

trouwen

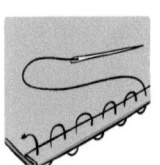

šiť

naaien

čistiť zuby

tandenpoetsen

zabiť

doden

fajčiť

roken

poslať

sturen

rodina
familie

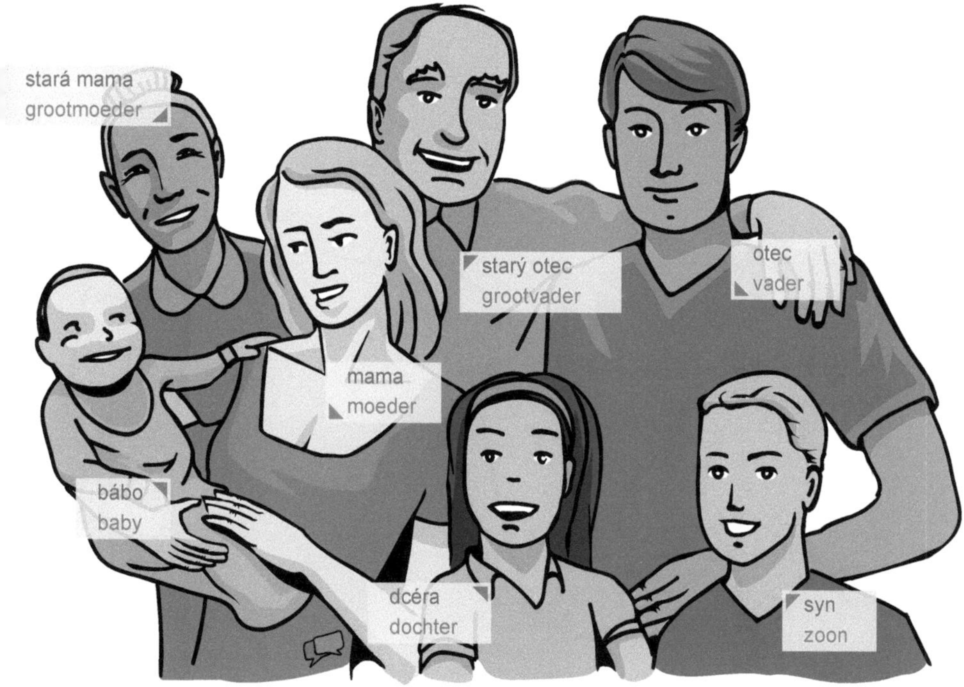
stará mama
grootmoeder
starý otec
grootvader
otec
vader
mama
moeder
bábo
baby
dcéra
dochter
syn
zoon

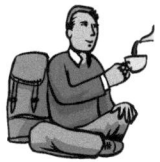

hosť

gast

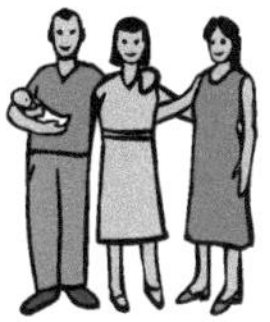

teta

tante

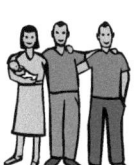

strýko

oom

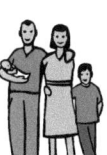

brat

broer

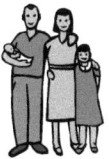

sestra

zus

telo

lichaam

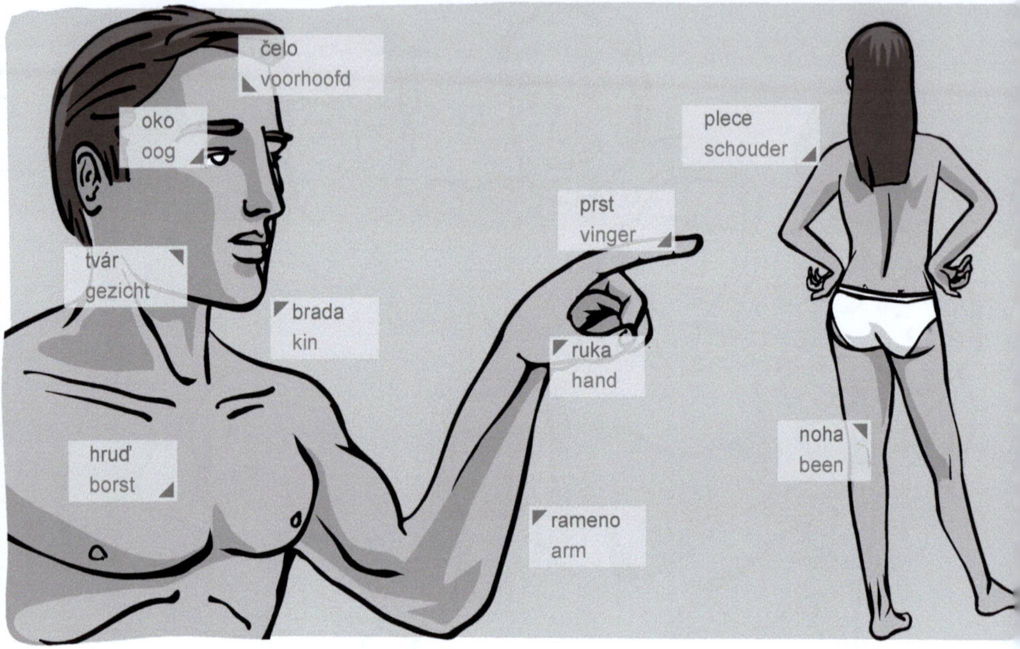
čelo
voorhoofd
oko
oog
plece
schouder
prst
vinger
tvár
gezicht
brada
kin
ruka
hand
noha
been
hruď
borst
rameno
arm

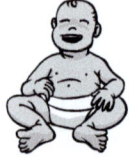

bábo
baby

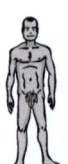

muž
man

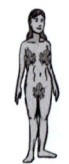

žena
vrouw

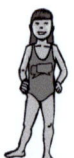

dievča
meisje

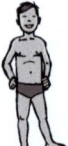

chlapec
jongen

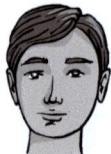

hlava
hoofd

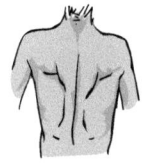

chrbát
rug

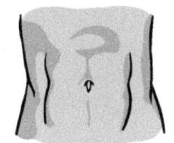

brucho
buik

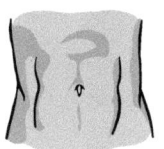

pupok
navel

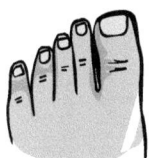

prst na nohe
teen

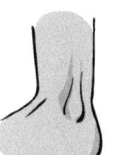

päta
hiel

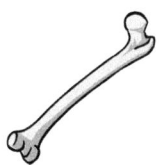

kosť
bot

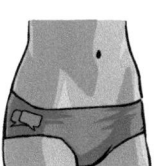

bok
heup

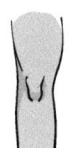

koleno
knie

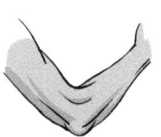

lakeť
elleboog

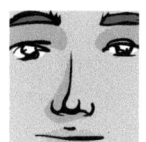

nos
neus

zadok
zitvlak

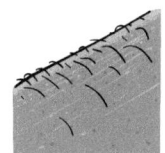

koža
huid

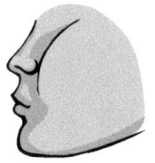

líce
wang

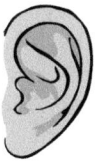

ucho
oor

pery
lip

telo - lichaam

ústa
mond

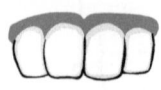

zub
tand

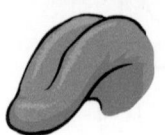

jazyk
tong

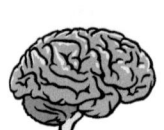

mozog
hersenen

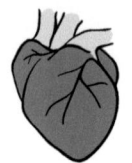

srdce
hart

svaly
spier

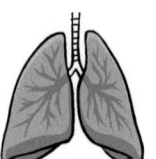

pľúca
long

pečeň
lever

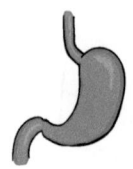

žalúdok
maag

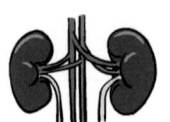

obličky
nieren

pohlavný styk
seks

kondóm
condoom

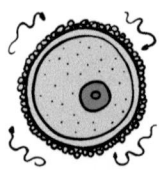

vaječná bunka
eicel

semeno
sperma

tehotenstvo
zwangerschap

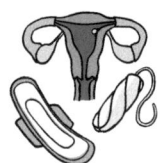

menštruácia

menstruatie

vagína

vagina

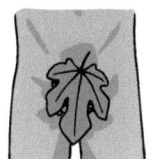

penis

penis

obočie

wenkbrauw

vlasy

haar

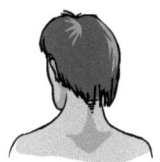

krk

nek

nemocnica
ziekenhuis

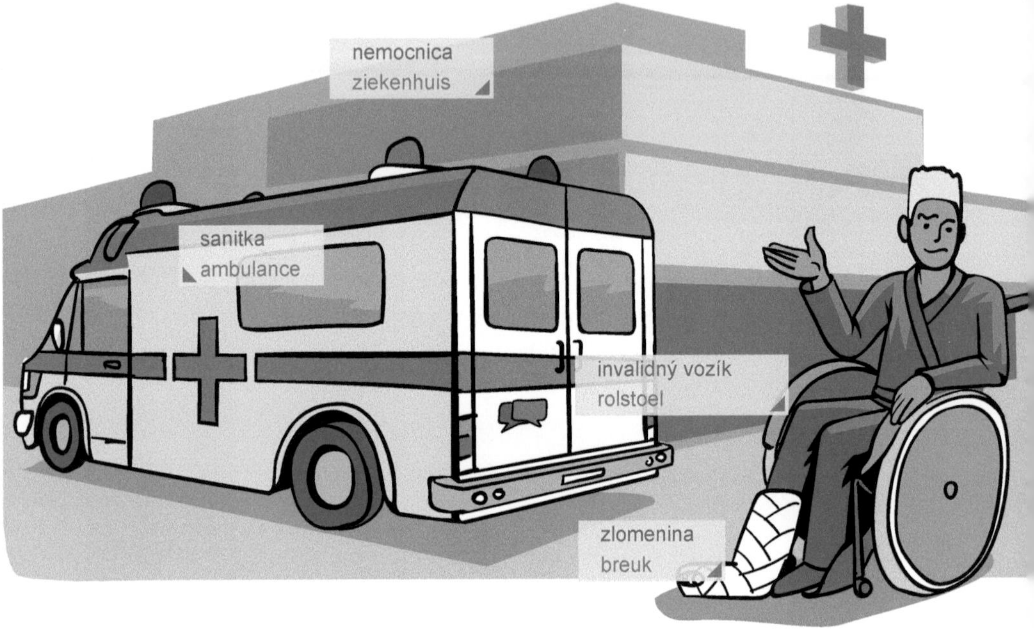

nemocnica
ziekenhuis
sanitka
ambulance
invalidný vozík
rolstoel
zlomenina
breuk

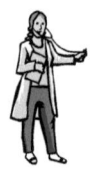

lekár

dokter

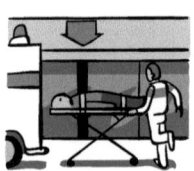

urgentný príjem

spoed

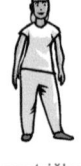

sestrička

verpleegkundige

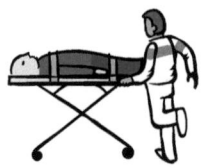

urgentný prípad

noodgeval

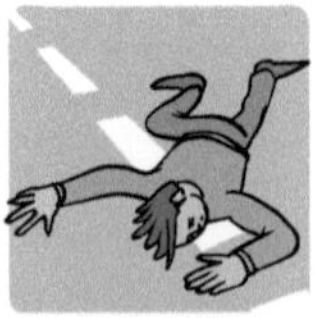

v bezvedomí

bewusteloos

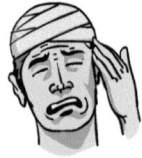

bolesť

pijn

zranenie
verwonding

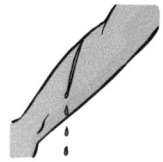

krvácanie
bloeding

srdcový infarkt
hartaanval

mozgová porážka
beroerte

alergia
allergie

kašeľ
hoest

teplota
koorts

chrípka
griep

hnačka
diarree

bolesť hlavy
hoofdpijn

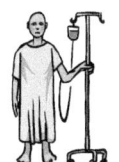

rakovina
kanker

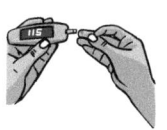

cukrovka
diabetes

chirurg
chirurg

skalpel
scalpel

operácia
operatie

CT

CT

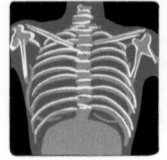

RTG

röntgenstraal

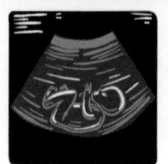

ultrazvuk

ultrageluid

maska

gezichtsmasker

choroba

ziekte

čakáreň

wachtkamer

barla

kruk

náplasť

pleister

obväz

verband

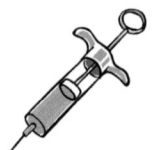

injekcia

injectie

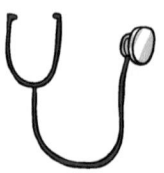

fonendoskop

stethoscoop

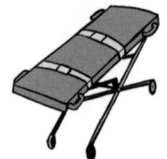

nosidlá

brancard

teplomer

thermometer

pôrod

geboorte

nadváha

overgewicht

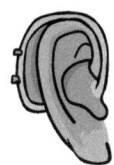

audiofón

hoorapparaat

dezinfekčný prostriedok

ontsmettingsmiddel

infekcia

infectie

vírus

virus

HIV / AIDS

HIV / AIDS

medicína

medicijn

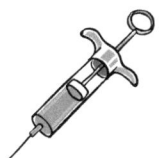

očkovanie

vaccinatie

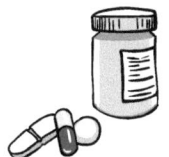

tabletky

tabletten

antikoncepčná pilulka

pil

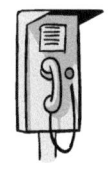

tiesňové volanie

noodoproep

tlakomer

bloeddrukmeter

chorý / zdravý

ziek / gezond

Pomoc!

Help!

alarm

alarm

prepad

overval

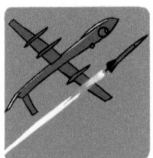

útok

aanval

nebezpečenstvo

gevaar

núdzový východ

nooduitgang

Horí!

Brand!

hasičský prístroj

brandblusser

nehoda

ongeval

kufrík prvej pomoci

EHBO-kit

SOS

SOS

polícia

politie

Európa

Europa

Severná Amerika

Noord-Amerika

Južná Amerika

Zuid-Amerika

Afrika

Afrika

Ázia

Azië

Austrália

Australië

Atlantický oceán

Atlantische Oceaan

Tichý oceán

Stille Oceaan

Indický oceán

Indische Oceaan

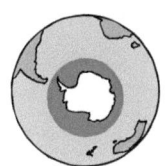

Južný oceán

Antarctische Oceaan

Severný ľadový oceán

Arctische Oceaan

Severný pól

Noordpool

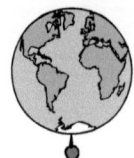

Južný pól
Zuidpool

Antarktída
Antarctica

Zem
aarde

krajina
land

more
zee

ostrov
eiland

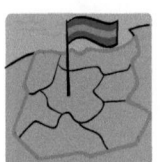

národ
natie

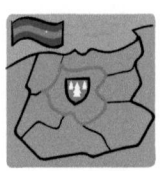

štát
staat

ciferník

wijzerplaat

hodinová ručička

uurwijzer

minútová ručička

minuutwijzer

sekundová ručička

secondewijzer

Koľko je hodín?

Hoe laat is het?

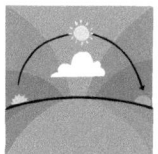

deň

dag

čas

tijd

teraz

nu

digitálne hodiny

digitale horloge

minúta

minuut

hodina

uur

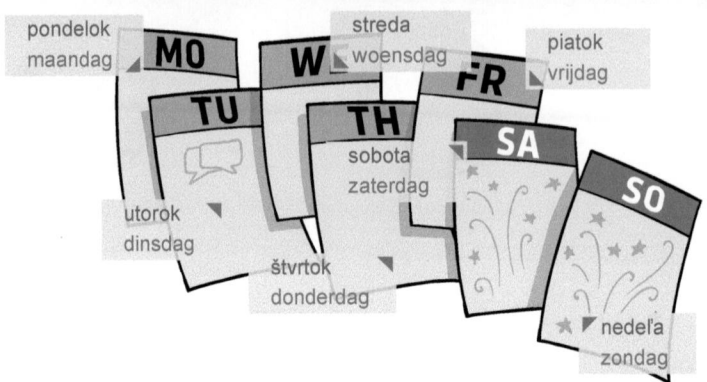

pondelok — maandag
streda — woensdag
piatok — vrijdag
utorok — dinsdag
štvrtok — donderdag
sobota — zaterdag
nedeľa — zondag

včera
gisteren

dnes
vandaag

zajtra
morgen

ráno
ochtend

poludnie
middag

večer
avond

pracovné dni
werkdagen

víkend
weekend

rok
jaar

dážď
regen
dúha
regenboog
vietor
wind
sneh
sneeuw
jar
lente
leto
zomer
jeseň
herfst
zima
winter

4.APRIL 11°
5.APRIL 4°
6.APRIL 13°
7.APRIL 8°
8.APRIL 10°

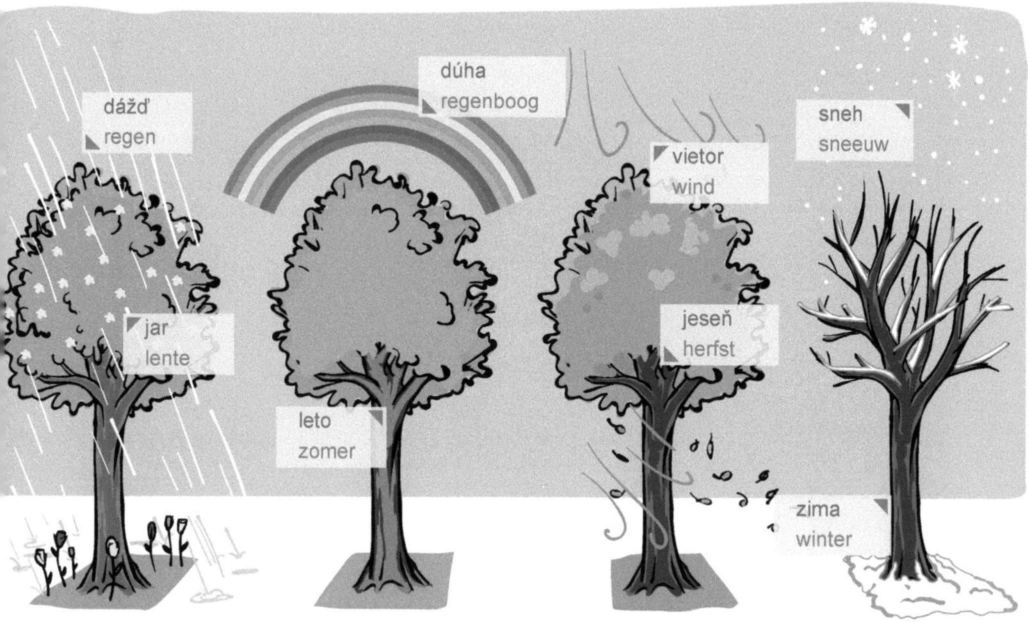

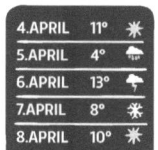

predpoveď počasia

weervoorspelling

F C
120 40
90 30
60 20
30 10
0 0
-30 -10
-20

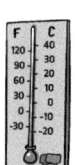

teplomer

thermometer

slnečný svit

zonneschijn

oblak

wolk

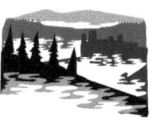

hmla

mist

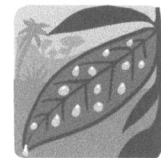

vlhkosť vzduchu

vochtigheid

blesk

bliksem

hrom

donder

búrka

storm

krúpy

hagel

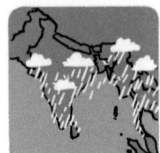

monzún

moesson

záplava

overstroming

ľad

ijs

január

januari

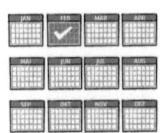

február

februari

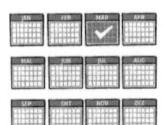

marec

maart

apríl

april

máj

mei

jún

juni

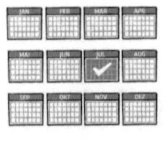

júl

juli

august

augustus

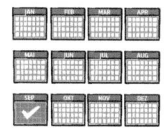

september
....
september

október
....
oktober

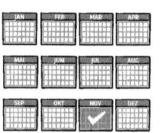

november
....
november

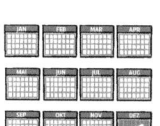

december
....
december

tvary

vormen

kruh
....
cirkel

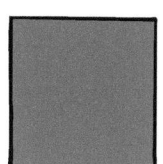

štvorec
....
kwadraat

obdĺžnik
....
rechthoek

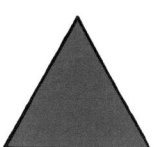

trojuholník
....
driehoek

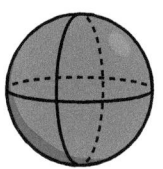

guľa
....
bol

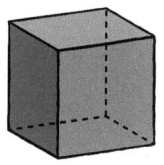

kocka
....
kubus

biela

wit

žltá

geel

oranžová

oranje

ružová

roze

červená

rood

fialová

paars

modrá

blauw

zelená

groen

hnedá

bruin

šedá

grijs

čierna

zwart

veľa / málo

veel / weinig

zúrivý / pokojný

boos / kalm

pekný / škaredý

mooi / lelijk

začiatok / koniec

begin / einde

veľký / malý

groot / klein

svetlý / tmavý

licht / donker

brat / sestra

broer / zus

čistý / špinavý

proper / vuil

úplný / neúplný

volledig / onvolledig

deň / noc

dag / nacht

mŕtvy / živý

dood / levend

široký / úzky

breed / smal

chutný / nechutný

eetbaar / oneetbaar

zlostný / láskavý

kwaadaardig / vriendelijk

vzrušený / unudený

opgewonden / verveeld

tlstý / chudý

dik / dun

prvý / posledný

eerst / laatst

priateľ / nepriateľ

vriend / vijand

plný / prázdny

vol / leeg

tvrdý / mäkký

hard / zacht

ťažký / ľahký

zwaar / licht

hlad / smäd

honger / dorst

chorý / zdravý

ziek / gezond

nelegálny / legálny

illegaal / legaal

inteligentný / hlúpy

intelligent / dom

vľavo / vpravo

links / rechts

blízko / ďaleko

dichtbij / veraf

nový / použitý

nieuw / gebruikt

nič / niečo

niets / iets

starý / mladý

oud / jong

zapnuté / vypnuté

aan / uit

otvorené / zatvorené

open / dicht

tichý / hlasný

stil / luid

bohatý / chudobný

rijk / arm

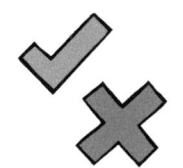

správne / nesprávne

juist / fout

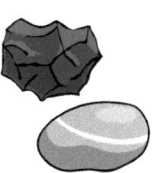

drsný / hladký

ruw / glad

smutný / šťastný

droevig / blij

krátky / dlhý

kort / lang

pomaly / rýchlo

traag / snel

mokrý / suchý

nat / droog

teplý / studený

warm / koud

vojna / mier

oorlog / vrede

0	**1**	**2**
nula	jeden	dva
nul	één	twee

3	**4**	**5**
tri	štyri	päť
drie	vier	vijf

6	**7**	**8**
šesť	sedem	osem
zes	zeven	acht

9	**10**	**11**
deväť	desať	jedenásť
negen	tien	elf

12

dvanásť

twaalf

13

trinásť

dertien

14

štrnásť

veertien

15

pätnásť

vijftien

16

šestnásť

zestien

17

sedemnásť

zeventien

18

osemnásť

achtien

19

devätnásť

negentien

20

dvadsať

twintig

100

sto

honderd

1.000

tisíc

duizend

1.000.000

milión

miljoen

angličtina

Engels

americká angličtina

Amerikaans Engels

mandarínska čínština

Chinees (Mandarijn)

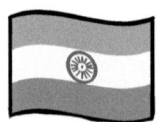

hindčina

Hindi

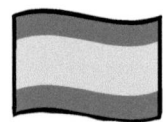

španielčina

Spaans

francúzština

Frans

arabčina

Arabisch

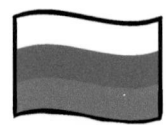

ruština

Russisch

portugalčina

Portugees

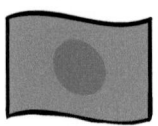

bengálčina

Bengali

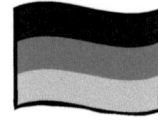

nemčina

Duits

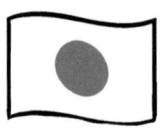

japončina

Japans

ja

ik

ty

u

on/ona/ono

hij / zij / het

my

wij

vy

u

oni

ze

kto?

wie?

čo?

wat?

ako?

hoe?

kde?

waar?

kedy?

wanneer?

meno

naam

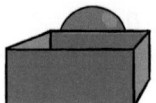

za

achter

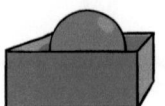

v

in

pred

voor

nad

boven

na

op

pod

onder

vedľa

naast

medzi

tussen

miesto

plaats